Recetas 1
Mexicanas

La Guía Rápida de la Cocina Mexicana con incluso deliciosas, rápidas y fáciles recetas típicas mexicanas. Incluyendo Técnicas de Cocina para Principiantes (Spanish Version)

Ambrosio Callejo

Tabla de Contenidos

Capítulo 1: Comenzando

Cuando prepares un plato, lee la receta hasta el final antes de comenzar. Precalienta el horno si es necesario. Luego, reúnetus ingredientes, una técnica llamada mise en place. Mise en place hace que el proceso de cocción sea más eficiente y también evita que llegues a la mitad de una receta solo para darte cuenta de que te falta un ingrediente esencial. Intenta utilizar ingredientes frescos siempre que sea posible. La calidad de los ingredientes juega un papel importante en la calidad del producto terminado. Es aconsejable comprar hierbas y especias frescas, especialmente si las versiones secas o molidas han estado guardadas en el armario durante mucho tiempo. Cuando sustituyas hierbas secas por frescas, usa tres veces la cantidad indicada en la receta. Por ejemplo, si una receta requiere 0,5cdtas. de hierbas secas, usa1,5cdtas. de hierbas frescas. Al sustituir especias frescas por especias molidas, 1 cda. de especias frescas equivale a 0,5 cdtas.de especias molidas. En caso de duda, agrega saborizante gradualmente y prueba a medida que avanzas.

La cocina mexicana utiliza una cantidad relativamente sustancial de chiles, así que aquí hay una breve introducción a algunos chiles comunes. Cuando compres chiles frescos, busca colores brillantes y una piel perfecta sin flacidez ni arrugas. Cuando compres chiles secos, busca los que huelan un poco afrutados y que sean flexibles, pero no blandos. Los chiles enteros proporcionan un sabor mucho mejor que los chiles en polvo. Si debes usar chile en polvo, usa 1 cda. en lugar de un chile entero a menos que se especifique lo contrario. (Recuerda que es mejor comenzar con una cantidad menor de la que crees que querrás; es fácil agregar más, pero es considerablemente más difícil eliminar el exceso).

Asegúrate de no tocarte los ojos o la cara después de tocar los chiles. Lávate las manos inmediatamente. Usa guantes desechables con chiles muy calientes. Para los chiles frescos, corta el chile por la mitad, luego corta las costillas y las semillas. Sin embargo, cuantas más costillas y semillas incluyas, más picante será el plato. Limpia los chiles secos con un paño húmedo y luego córtalos en trozos de 0,5″. Tostarlos produce un sabor significativamente más profundo. Al igual que con los chiles frescos, incluye las semillas para darle aún más sabor.

A menos que se indique lo contrario, las recetas aquí requieren hierbas frescas. En este libro, comino siempre significa comino molido, a menos que se especifiquen como semillas de comino. En este libro, cilantro siempre significará cilantro molido, seco o en semillas, mientras que, «cilantro fresco», se refiere expresamente a laplanta. Tanto el tallo como la hoja del cilantro son comestibles, aunque el tallo puede tener una textura crujiente.

El perejil de hoja plana también se conoce como perejil italiano. Para cualquier variedad de perejil fresco, usa solo la hoja.

En la cocina mexicana, las ramas de canela se refieren al Ceilán, el tipo de bordes ásperos de Sri Lanka, en lugar del tipo liso y enrollado que se encuentra en los Estados Unidos. Si no puedes encontrar el primero, puedes sustituirlo por el segundo.

Si la instrucción se enumera antes de la medida, eso significa algo diferente a si se enumera después de la medida. Por ejemplo, «1 tz. de maní, picado» y «1 tz. de maní picado» no significan lo mismo. «1 tz. de maní, picado» indica que debes medir 1 tz. de maní entero y luego picarlo, lo que probablemente te dejará con aproximadamente 0,75 tz. de trozos de maní. «1 tz. de maní picado», por otro lado, significa que picas antes de medir, por lo que terminarías con 1 tz. de trozos de maní.

Dependiendo del tamaño, una lima tiene aproximadamente 2 cdas. de jugo. Si la receta especifica fresco, es mejor exprimir el jugo tú mismo. De lo contrario, embotellado funciona bien en caso de apuro.

Cuando desees derretir queso, es mejor comprarlo en forma de bloque y rallarlo tú mismo. El tipo pre-triturado contiene productos químicos diseñados para evitar que se aglutine, lo que también significa que, por lo general, no se derrite suavemente. Una tz. de queso rallado equivale aproximadamente a 4 oz. Utiliza siempre queso crema en forma de bloque, no del tipo que se encuentra en un recipiente.

Masa Harina es masa de maíz seca, a veces llamada harina de maíz. La marca Maseca está ampliamente disponible en los Estados Unidos.

Si se usa aceite de oliva, lo mejor es usar virgen extra.

Todas las temperaturas están en grados Fahrenheit.

Para muchas de las recetas de tu nuevo libro de cocina, tienes la opción de utilizar una licuadora o un procesador de alimentos. Puedes usar cualquiera, por lo que no necesitas comprar un procesador a menos que solo quieras agregarlo a tus herramientas de cocina.

En este libro, la harina es siempre para todo uso a menos que se especifique lo contrario, aunque si lo deseas, puedes experimentar con libertad.

Abreviaturas

- Cucharadita (cdta.)

- Cucharada (cda.)

- Taza (tz.)

- Onza (oz)

- Libra (lb)

- Cuarto (qt)

Equivalentes

- 3 cucharaditas = 1 cucharada

- 4 cucharadas = 0,25 taza

- 16 onzas = 1 libra

- 1 pizca = aproximadamente 0,125 cucharaditas.

- 1 cuarto = 4 tazas

- 1 pinta = 2 tazas

Capítulo 2: Sopas, guisos y chiles

Sopa de pollo y tortilla

Rinde de 6 a 8 porciones

Qué utilizar:

- Aguacate (1, pelado, cortado a la mitad, sin hueso, luego cortado en trozos de 0,5")
- Queso Cotija (8 oz, desmenuzado, 2 tz.)
- Crema mexicana
- Rodajas de limón
- Pimienta negra recién molida

- Chile chipotle enlatado en salsa de adobo (1 chile, cortado en cubitos y 1 cda. de salsa de adobo)[1]
- Jalapeño (0,5, y más en rodajas para decorar)
- Tomates (2, sin corazón y en cuartos)
- Pechugas de pollo partidas con hueso (1,5 lbs, recortadas)
- Caldo de pollo (8 tz.)
- Ajo (4 dientes, pelados)
- Cebolla blanca (1 grande, en cuartos)
- Orégano (1 ramita)
- Cilantro fresco (8 ramitas, más ramitas adicionales para decorar)
- Sal
- Aceite vegetal (2 cdas., divididas)
- Tortillas de maíz (ocho de 6", cortadas en tiras de 0,5" de ancho)

[1]Para una sopa menos picante, omiteo reduce la salsa de adobo.

Qué hacer:

1. Fija la temperatura del horno a 425 °F.

2. Mezcla las tiras de tortilla con 1 cda. de aceite, luego colócalas en una bandeja para hornear en una sola capa.

3. Hornéalas durante unos 14 minutos, revolviendo un par de veces hasta que estén doradas y crujientes. Rocíalas con sal ligeramente y colócalas sobre toallas de papel para que escurran.

4. Mientras tanto, prepara una olla grande para sopa usando el ajuste de temperatura media-alta, combina 0,5 cdta. de sal, cilantro, orégano, 2/4 de cebolla, 2 dientes de ajo y caldo. Cuando la mezcla hierva a fuego lento, agrega el pollo y tapa. Ajustala temperatura a baja. Cocina a fuego lento hasta que el pollo esté a 160 °F (15-20 min.).

5. Mueve el pollo a una tabla de cortar y déjalo enfriar un poco. Retira la piel y los huesos mientras desmenuzas el pollo. Vierte el caldo a través de un colador de malla fina, desechando los sólidos.

6. En un procesador de alimentos, combina los tomates, el jalapeño, el chipotle y la salsa de adobo (si se usa), la cebolla restante, una pizca de sal, la pimienta negra recién molida (0,5 cdta.) y el resto del ajo.

7. Haz puré hasta que quede suave, aproximadamente 30 segundos, raspando el tazón según sea necesario.

8. Calienta la última cda. de aceite usando la configuración de temperatura media-alta en la olla que usaste para cocinar la mezcla de caldo, que ahora debería estar vacía. Cuando el aceite brille, añade la mezcla de tomate y jalapeño y cocina, revolviendo frecuentemente unos 10 minutos hasta que la mezcla se haya oscurecido y el líquido se haya evaporado.

9. Revuelve el caldo colado en la olla, raspa los trozos dorados y calienta hasta que hierva a fuego lento. Cocina a fuego lento durante aproximadamente 15 minutos, luego mezcla el pollo y cocina por dos minutos más, hasta que el pollo esté caliente. Apaga el fuego. Agrega sal y pimienta al gusto.

10. Vierte la sopa en tz. o tazones para servir y cubre con tiras de tortilla. Sirve inmediatamente con limas, crema, queso y aguacate en tazones separados.

Chile con carne

Rinde 6 porciones

Qué utilizar:

- Semillas de comino (2 cdas.)
- Chiles secos de Nuevo México (3, sin tallos ni semillas, cortados en trozos de 0,5", 0,75 tz.)
- Chiles anchos secos (3, sin tallos ni semillas, cortados en trozos de 0,5", 0,75 tz.)
- Orégano seco (2 cdtas.)
- Agua (8 tz., divididas)
- Tocino (8 rebanadas, cortado en cubitos)
- Carne asada deshuesada (4 lbs, separada por las costuras y cortada en trozos de 1")

- Sal
- Pimienta negra recién molida
- Cebolla (1)
- Ajo (5 dientes, picado)
- Jalapeños (4, sin tallos ni semillas, picados)
- Jugo de lima (2 cdas.)
- Tomates triturados enlatados (1 tz.)
- Masa Harina (0,33 tz., o 3 cdas. de maicena mezclada con 3 cdas. de agua)
- Queso rallado, de cualquier tipo (opcional, para decorar)
- Cebolla picada (opcional, para decorar)

Qué hacer:

1. Prepara un horno holandés o una olla grande para tostar el comino, los chiles de Nuevo México y los chiles anchos a temperatura media.

2. Revuelve con frecuencia durante 2-6 minutos. Coloca la mezcla de chile en un molinillo de especias, agrega el orégano y muele todo hasta obtener un polvo fino. (Si no tienes un molinillo de especias, puedes usar un molinillo de café, un procesador de alimentos o una licuadora). Coloca el polvo en un recipiente y agrega 0,5 tz. de agua.

3. Cocina el tocino en la olla ahora vacía a fuego medio-bajo hasta que esté crujiente (10 min.). Coloca el tocino sobre toallas de papel para que escurra, luego vierte la grasa de la sartén en un recipiente resistente al calor.

4. Usa toallas de papel para secar la carne. Espolvorea al gusto con sal y pimienta. En la olla ahora vacía que usaste para preparar el tocino, cocina 1 cda. de tocino usando el ajuste de temperatura media-alta hasta que comience a humear.

5. Dora la mitad de la carne por todos lados, aproximadamente de 7 a 10 minutos, luego colócala en un tazón y repite con otra cda. de tocino y la carne restante.

6. A fuego medio, calienta 3 cdas. de tocino en la olla vacía hasta que comience a brillar. Pica finamente y echa la cebolla en la sartén. Saltea hasta que se ablanden (5 min.). Agrega el jalapeño y el ajo. Saltea hasta que estén aromáticos, aproximadamente 1 minuto. Mezcla la pasta de chile y cocina durante unos dos minutos, hasta que esté fragante. Agrega 7 tz. de agua, jugo de limón y tomates; lleva a fuego lento. Añade el tocino y la carne, junto con los jugos que se hayan escurrido. Cocina a fuego lento unas 2 horas hasta que los jugos estén oscuros y comiencen a espesarse, y la carne esté tierna.

Forma una pasta mezclando Masa Harina en 0,5 tz. de agua, o haz lo mismo con maicena y agua. Sube el fuego a medio y agrega la pasta Masa Harina (o pasta de almidón de maíz). Cocina a fuego lento durante 5-10 minutos, hasta que espese. Añade sal y pimienta al gusto. Sirve con guarniciones opcionales

Pozole de cerdo rojo

Rinde de 8 a 10 porciones

Qué utilizar:

- Maíz blanco o amarillo (tres latas de 15 oz, enjuagadas)
- Agua (1,5 tz.)
- Chiles anchos secos (3, sin tallos ni semillas)
- Orégano (picado, 1 cda. o 1 cdta. seco)
- Tomates cortados en cubitos (una lata de 14,5 oz)
- Caldo de pollo (6 tz.)
- Ajo (5 dientes, picados)
- Cebollas (2 grandes, picadas en trozos grandes)
- Aceite vegetal (2 cdas.)
- Asado de cerdo con hueso (5 lbs)
- Sal
- Pimienta negra recién molida
- Rodajas de lima, aguacate cortado en cubitos y rábanos en rodajas (opcional, para decorar)

Qué hacer:

1. Corta todo el exceso de grasa y la piel gruesa del asado. Corta a lo largo de los músculos para dividir la carne en trozos grandes de diferentes tamaños. Reserva los huesos. Espolvorea la carne de cerdo con pimienta y sal.

2. Usa una olla de gran tamaño o un horno holandés, calienta el aceite a temperatura media hasta que brille.

3. Cocina las cebollas y aproximadamente 0,25 cdta. de sal hasta que se ablanden (8-10 min.). Incorpora el ajo y sofríe durante unos 40 segundos. Agrega la carne y los huesos de cerdo y cocinala mezcla a fuego lento durante unos 8 minutos, revolviendo con frecuencia, hasta que la carne de res ya no esté rosada.

4. Mezcla el orégano, los tomates con jugo, 0,5 cdta. de sal y caldo de pollo. Caliéntalo a fuego lento. Quita la espuma de la superficie según sea necesario. Tapa y coloca la olla en un horno a 300 °F hasta que la carne de cerdo esté tierna o durante aproximadamente 2 horas.

5. Mientras se asa la carne de cerdo, agrega agua a una olla y espera a que hierva. Mezclalos chiles anchos en el agua hirviendo y cocina a fuego lento durante unos 20 minutos o hasta que se ablanden.

6. Usando una licuadora/procesador de alimentos, mezcla los anchos y el agua hasta que quede suave (aproximadamente 60 segundos). Vierte la mezcla a través de un colador de malla fina, usando una espátula para presionar la mezcla de chile a través de la malla.

7. Transfiere la olla del horno y coloca la carne de cerdo en una superficie de corte para que se enfríe un poco. Desecha los huesos.

8. Mientras la carne de cerdo se enfría, coloca el maíz molido en la olla. Reserva 0,25 tz. de puré de chile ancho colado y agrega el resto al maíz. Usa el ajuste de temperatura media para preparar la mezcla. Cubre y ajusta la temperatura a baja y cocina a fuego lento durante media hora.

9. Tritura la carne de cerdo en trozos del tamaño de un bocado con dos tenedores o una garra para triturar. Agrega el cerdo desmenuzado al guiso para calentar durante unos dos minutos. Agrega las 0,25 tz. de puré de ancho, sal y pimienta reservados. Sirve caliente.

Sopa de maíz fresco con pimientos asados y camarones

Rinde aproximadamente 6 tz.

Qué utilizar:

- Camarones (0,5 lb, sin caparazón ni venas, opcional)
- Nata para montar (1 tz.)
- Chiles poblanos (2 frescos, asados, pelados, sin semillas y picados)
- Leche (2 tz., y posiblemente un poco más)
- Fécula de maíz (1,5 cdas.)
- Ajo (2 dientes, picados)
- Cebolla (0,5 mediana)

- Mantequilla sin sal (4 cdas., dividida)
- Sal (1 cdta.)
- Maíz dulce (3 mazorcas grandes frescas o 2,5-3 tz. congeladas, descongeladas)
- Queso fresco desmenuzado, queso de cabra o feta (2 oz, 0,5 tz.)
- Perejil de hoja plana (picado, 2 cdas., para decorar)

Qué hacer:

1. Si usas maíz fresco, retira las hojas y la seda del maíz. Quita todos los trozos de maíz de la mazorca con un cuchillo afilado; debe haber de 2,5 a 3 tz. de maíz. Coloca el maíz en un procesador de alimentos o licuadora. Si usas maíz descongelado, colócalo en el procesador de alimentos o licuadora.

2. Derrite2cdas. de mantequilla en una sartén a temperatura media.

3. Pica la cebolla finamente y échala en la sartén para saltear hasta que la cebolla se ablande (6-7 min.). Agrega el ajo y calienta un minuto más, luego añade la mezcla al maíz. Revuelve la maicena en 0,25 tz. de agua hasta que se disuelva, luego agrégala a la licuadora y mezcla hasta que esté cremosa y suave. (Si usas una licuadora, es posible que debas revolver el fondo con una cuchara larga un par

de veces para evitar que el maíz se pegue alrededor de las cuchillas).

4. En una cacerola grande, derrite las dos últimas cucharadas de mantequilla a temperatura media. Agrega el puré de maíz y calienta durante varios minutos, revolviendo constantemente. La mezcla debe volverse muy espesa. Mezcla la leche y luego cubre la cacerola sin apretar. Ajusta la temperatura a media-baja. Cocina a fuego lento durante 15 minutos, revolviendo con frecuencia.

5. Cuela la sopa a través de un colador de malla mediana. Enjuaga la sartén y vuelve a colocar la sopa colada. Agrega el chile poblano y la crema. Añade sal al gusto.

6. Usa la configuración de temperatura media-baja para hervir la sopa a fuego lento durante unos 10minutos, a menudo revolviendo. Si lo deseas, agrega los camarones y cocina a fuego lento durante otros 2-3 minutos.

7. Si la sopa está demasiado espesa (debe ser tan espesa como la crema espesa), agrega leche. Sirve inmediatamente, adornado con queso fresco o feta y perejil, si lo deseas.

Sopa de lima

Rinde de 4 a 6 porciones

Qué utilizar:

- Pimiento verde (1 pequeño, finamente picado)
- Sal
- Tortillas de maíz (seis de 6", cortadas en tiras)
- Aceite vegetal (6 cdas., divididas)
- Tomates Roma (2)
- Caldo de pollo bajo en sodio (4 tz.)
- Orégano mexicano seco (0,25 cdta.)
- Granos de pimienta negra (15 enteros)
- Bayas de pimienta de Jamaica (5 enteras)
- Rama de canela mexicana (una de 3", preferiblemente canela mexicana)
- Clavos (3 enteros)
- Hojas de laurel turco secas (4)
- Ajo (8 dientes grandes, 4 sin pelar, divididos)
- Pechugas de pollo partidas con hueso y piel (1 lb; aproximadamente 1 pechuga)
- Cebolla blanca o amarilla (1 grande, cortada por la mitad de tallo a tallo)
- Pomelo (1)

- Limas (3, divididas)
- Cilantro fresco (1 manojo pequeño, solo hojas, picado)

Qué hacer:

1. Con un pelador de verduras, retira cuatro tiras de 2" de ralladura de lima de una o dos limas y dos pedazos de 2" de ralladura de toronja. (Asegúrate de obtener solo la cáscara y nada de la médula blanca; es muy amarga). Extrae el jugo de la toronja y dos de las limas, reservando 2 cdas. de cada. (Guarda o congela el resto para otro uso). Deja una lima entera; reserva.

2. En una cacerola grande, combina el caldo de pollo, el orégano, los granos de pimienta, la pimienta de Jamaica, la canela, los clavos, las hojas de laurel, los cuatro dientes de ajo pelados, el pollo y la mitad de la cebolla. Si el caldo de pollo no cubre completamente los ingredientes, agrega agua. Cocina a fuego medio hasta que hierva a fuego lento. Reduce el fuego hasta que el líquido esté humeando, pero no burbujeando. Voltea el pollo de vez en cuando mientras se cocina aproximadamente media hora, hasta que el pollo esté a 150 °F en el centro. Retira la sartén del fuego.

3. Saca el pollo del líquido con una cuchara ranurada de madera. Colócalo en un recipiente para mezclar y cuela el

líquido a través de una gasa o un colador de malla fina. Revuelve las ralladuras de frutas en el caldo colado. Si hay menos de 4 tz. de líquido, agrega agua para hacer 4 tz. Pon a un lado, permitiendo que la ralladura se empape en el líquido.

4. Coloca los cuatro dientes de ajo sin pelar en una brocheta de metal y ponlos sobre una llama de gas, asa mientras gira hasta que el ajo esté completamente negro, aproximadamente 3 minutos. Deja de lado. Usa pinzas para sostener los tomates sobre el fuego durante unos 30 segundos, hasta que la piel comience a pelarse y burbujear. Si tienes una estufa eléctrica, pon el ajo en una sartén (no agregues aceite). A fuego medio-alto, cocina hasta que el ajo se queme en la mayor parte de la superficie. Deja el ajo a un lado y repite el proceso con los tomates hasta que la mayor parte de su piel tenga ampollas.

5. Quita la piel del ajo y los tomates y tírala. Pica finamente el ajo y los tomates y la mitad restante de la cebolla. En una cacerola grande a fuego medio, calienta 2 cdas. de aceite vegetal. Agrega el pimiento morrón, una pizca de sal y el ajo, los tomates y la cebolla. Revuelve mientras cocinas hasta que la mezcla de verduras se ablande completamente pero aún no se dore, aproximadamente 10

minutos. (Esta salsa hecha de la mezcla salteada de vegetales cortados en cubitos se llama sofrito).

6. Retira las tiras de ralladura de frutas del caldo y tíralas. Agrega el caldo al sofrito. Agrega los jugos de lima y toronja y sal al gusto.

7. Calienta una sartén antiadherente usando el ajuste de temperatura media para calentar 0,25 tz. de aceite hasta que brille. Echa las tiras de tortilla y revuelve hasta que estén crujientes, aproximadamente tres minutos. Colócalas en toallas de papel y déjalas escurrir.

8. Tritura el pollo con dos tenedores, quitando los huesos y la piel. Coloca la carne en tazones para servir, luego agrega el caldo y un pequeño puñado de tiras de tortilla. Cubre con cilantro. Corta la lima restante por la mitad. Corta la mitad en rodajas y la otra mitad en gajos. Coloca las rodajas encima de la sopa y los gajos a un lado. Sirve inmediatamente.

Sopa de arroz y albóndiga

Rinde de 6 a 8 porciones

Qué utilizar:

- Calabacín (2 pequeños, cortados en cubitos)
- Papa Yukon Gold (1 grande, pelada y cortada en cubitos)
- Caldo de verduras (8 tz.)
- Pasta de tomate (2 cdas.)
- Chile serrano (1)
- Zanahoria (1 grande, pelada y en rodajas)
- Solomillo molido (1 lb)
- Arroz de grano largo (0,33 tz.)
- Perejil fresco (picado, 2 cdas.)
- Cebolla blanca (0,5 pequeña, finamente picada)
- Aceite vegetal (2 cdas., divididas)
- Sal
- Pimienta negra recién molida

Qué hacer:

1. Prepara una olla grande y pesada y calienta una cucharada de aceite usando la configuración de temperatura media-alta. Sofríe la cebolla durante unos cinco minutos hasta que se vuelva transparente y suave.

Agrega el perejil, la pimienta y la sal. Cocina a fuego lento la mezcla por otro minuto. Deja enfriar, solo un poco.

2. En un tazón grande, mezcla 0,5 cdta. de pimienta, 2 cdta. de sal, solomillo molido, arroz y la mezcla de cebolla. Humedecetus manos, luego forma la mezcla de carne en veinte bolas de 1″.

3. En la olla, calienta la última cda. de mantequilla usando la temperatura media-alta. Cocina la zanahoria y el chile serrano por 5 minutos. Vierte y mezcla la pasta de tomate y el caldo de verduras. Una vez que esté hirviendo, añade la papa, el calabacín y las albóndigas. Ajusta la temperatura a baja. Cocina hasta que las albóndigas ya no estén rosadas en el centro (30 min.).

4. Condimenta con un poco de pimienta y sal, luego sirve.

Sopa de fideo

Rinde aproximadamente 4 porciones

Qué utilizar:

- Sal
- Pimienta molida fresca
- Orégano (picado, 1 cdta.)
- Cilantro fresco (picado, 1 cdta.)
- Caldo de res (4-5 tz.)
- Cebolla amarilla (1 mediana, picada)
- Tomates enteros o guisados (una lata de 14,5 oz)
- Ajo (3 dientes medianos, picados)
- Fideos finos enrollados (una bolsa de 7 oz)
- Aceite vegetal (1-2 cdas.)

Qué hacer:

1. Calienta el aceite suficiente en una sartén para cubrir los fideos; fríe a fuego medio hasta que esté dorado. Agrega el ajo, los tomates, la cebolla y 4 tz. de caldo de res. Añade cilantro, orégano, pimienta y sal al gusto. Calienta hasta que hierva.

2. Una vez que hierva, ajusta la temperatura a media-baja. Déjala hervir a fuego lento durante 20 minutos. Si la mezcla se ve demasiado seca en algún momento, agrega un poco de caldo de carne adicional.

Sopa de aguacate helada

Rinde 8 porciones

Qué utilizar:

- Crema mexicana (para decorar)
- Jugo de lima (0,25 tz.)
- Hojas de cilantro (picadas, 0,5 tz.)
- Cebolla amarilla (1 mediana, cortada en cubitos de 0,25")
- Aguacates (2, sin cáscara y sin hueso, cortados en trozos de 2")
- Tomate verde (1 mediano, pelado y triturado)
- Ajo (3 dientes, picado)

- Chiles habaneros (2, sin tallos ni semillas, cortados en cubitos de 0,25" o jalapeños en su lugar, cortados en cubitos, 0,25 tz.)
- Caldo de pollo (4 tz.)
- Sal (1 cdta.)
- Pimiento rojo, molido (0,5 cdta.)

Qué hacer:

1. Combina el pimiento rojo molido, la sal, el caldo de pollo, los chiles habaneros, el ajo, el tomate, los aguacates y la cebolla en un procesador de alimentos.
2. Ahora, licúa a velocidad media hasta que esté cremoso, aproximadamente 3 minutos. (Si no encaja todo a la vez, procésalo en dos o tres lotes, luego revuélvelo en un tazón grande al final). Retira los trozos grandes con una espumadera y deséchalos.
3. Enfría durante 3 horas, luego retira la grasa que se haya solidificado en la parte superior. Revuelve, luego enfría otra hora.
4. Adorna con hojas de cilantro, jugo de limón y crema mexicana. Sirve.

Capítulo 3: Entradas sin carne

Chilesrellenos

Rinde 6 porciones

Qué utilizar:

- Salsa (2 tz., cualquier variedad)
- Sal (0,5 cdta.)
- Harina (0,5 tz.)
- Huevos (3, grandes, separados)
- Aceite (4 tz.)
- Palillos de madera

- Queso Monterey Jack o Pepper Jack (8 oz, cortado en tiras largas o rallado)
- Chiles poblanos (6, tan grandes como sea posible)

Qué hacer:

1. Coloca la rejilla del horno lo más alto posible y calienta el horno para asar. Coloca los poblanos en una bandeja para hornear forrada con papel de aluminio. Cocínalos durante unos cinco minutos por lado, hasta que la piel esté ampollada y ennegrecida.
2. Retira los poblanos del horno y cúbrelos con papel de aluminio o film transparente para atrapar el vapor. Déjalos reposar durante 5 minutos, luego frota la mayor cantidad de piel posible. (Está bien si queda algo).
3. Con un cuchillo, haz un corte en el medio de los pimientos. Retira las semillas para obtener un plato más suave o déjalas para obtener más especias.

4. Rellena con cuidado los pimientos con el queso. (Los pimientos estarán frágiles debido al proceso de tostado, por lo que algunos pueden romperse. No te preocupes si eso sucede). Cierra los pimientos y asegúralos con 1-3 palillos de dientes (o más si es necesario) para asegurarte de que el queso no gotee mientras se fríe.

5. Calienta el aceite en una cacerola grande o en una sartén profunda usando el ajuste de temperatura media-alta. Prepara una fuente o bandeja para hornear con toallas de papel para escurrir los pimientos.

6. A medida que el aceite se calienta, divide los huevos, colocando las claras en un recipiente grande para mezclar y las yemas en un plato más pequeño. Bate las claras de huevo con una batidora eléctrica hasta que se formen picos rígidos. Continúa batiendo las claras a fuego lento mientras agregas las yemas una a la vez, mezclándolas bien, creando una masa esponjosa, liviana y suave.

7. Combina la sal y la harina en un plato poco profundo. Enrolla los pimientos en la harina, golpeándolos para eliminar el exceso, luego sumérgelos en la masa de huevo y colócalos en el aceite caliente. Fríe los pimientos hasta que estén dorados y crujientes, 3-5 minutos por cada lado. Solo fríe tantos pimientos a la vez como puedas sin amontonarlos. Coloca los pimientos fritos sobre toallas de papel para escurrir. Coloca los pimientos en platos para servir y remueve los palillos de dientes.

8. Sirve inmediatamente con salsa.

Macarrones con queso mexicano

Rinde 8 porciones

Qué utilizar:

- Queso manchego (8 oz, rallado, 2 tz., dividido)
- Queso cheddar (8 oz, rallado, 2 tz., dividido)
- Queso mozzarella (8 oz, rallado, 2 tz., dividido)
- Leche entera (1 qt., 4 tz.)
- Harina (0,25 tz.)
- Coditos (1 lb)
- Sal
- Pimienta negra recién molida
- Tomillo fresco (picado, 2 cdtas.)
- Chile ancho en polvo (2 cdas.)

- Pan rallado, simple y seco (1,5 tz.)
- Chalotas (3, picadas)
- Mantequilla sin sal (0,5tz., 4 oz, 1 barra, dividida, y más para engrasar la sartén)

Qué hacer:

1. Usa una sartén mediana a temperatura media-alta para derretir 4cdas. de mantequilla. Saltea las chalotas durante unos 5 minutos, hasta que estén transparentes. Agrega el pan rallado, el ancho en polvo, el tomillo y la sal al gusto. Deja de lado.

2. Hierve una olla grande de agua con sal. Agrega los coditos y cocina, siguiendo las instrucciones del paquete, hasta que estén tiernos, pero al dente. Drena.

3. Prepara una olla grande con un ajuste de temperatura media-alta para derretir 4cdas. de mantequilla. Mezcla la harina y cocina a fuego lento durante 1 minuto, pero sin que se dore. Añade la leche en un chorro lento y cocina a fuego lento. Ajusta la temperatura a baja y cocina unos diez minutos, a menudo revolviendo, hasta que la salsa espese. Agrega 1 tz. de cada queso, pimienta y sal al gusto. Mezcla la pasta y extiende en una fuente para hornear de 9x13" con mantequilla.

4. Usa un recipiente mediano para mezclar, combina los quesos restantes y esparce sobre la mezcla de pasta. Espolvorea el pan rallado sobre los quesos y cubre la sartén con papel de aluminio. Hornea a 350 °F durante 30 minutos, luego hornea, sin tapar, hasta que la parte superior esté dorada, aproximadamente 12 minutos. Sirve inmediatamente.

Lasaña de maíz y poblano

Rinde de 6 a 8 porciones

Qué utilizar:

- Queso Oaxaca o mozzarella (8 oz, rallado, 2 tz.)
- Fideos de lasaña sin hervir (12 de 7x3")
- Chiles poblanos (3, carbonizados y pelados, sin tallos ni semillas, cortados en tiras de 1")
- Calabacín (1 grande, cortado en rodajas finas a lo largo)
- Cebolla blanca (en rodajas finas, 0,5 tz.)
- Sal
- Pimienta negra recién molida
- Tomillo (picado, 1 cdta.)
- Crema espesa (1,5 tz.)

- Granos de maíz frescos (2 mazorcas o descongelados)
- Ajo (3 dientes, picados, divididos)
- Mantequilla sin sal (3 cdas., dividida)

Qué hacer:

1. Calienta el horno a 350 °F.
2. Prepara una cacerola de tamaño mediano usando el ajuste de temperatura media para derretir 1cda. de mantequilla.
3. Sofríe2 dientes de ajo picados durante 1 minuto. Agrega el maíz y cocina por otros cinco minutos. Añade la crema y el tomillo y continúa cocinando usando la configuración media-baja durante 5 minutos.
4. Retira la sartén del fuego caliente para que se enfríe un poco, luego haz un puré en una licuadora hasta que esté cremosa y suave. Sal y pimienta al gusto.
5. En una sartén pequeña a temperatura media, derrite 2 cdas. de manteca. Agrega la cebolla y cocina a fuego lento durante 5 minutos, hasta que esté transparente. Añade el tercer diente de ajo picado y cocina por 1 minuto. Incorpora las tiras de calabacín y poblano y cocina por 5 minutos. Sazona con sal y pimienta al gusto.

6. Extiende una cuarta parte de la mezcla de maíz en un molde para hornear de 11x8". Cubre la mezcla de maíz con 3 hojas de lasaña. Repite este proceso tres veces más. Hornea por unos 50 minutos hasta que la pasta se cocine. Deja reposar por 15 minutos, luego sirve.

Cazuela vegetariana mexicana

Rinde 8 porciones

Qué utilizar:

- Chips de tortilla (para servir)
- Crema agria (para servir)
- Queso mexicano o Pepper Jack (2 oz, rallado, 0,5 tz., y más para servir)
- Sal (1 cdta.)
- Cayena (0,25 cdta.)
- Chile en polvo (1 cdta.)
- Comino (1 cda.)
- Queso crema (2 cdas.)
- Jugo de lima fresco (de 1 lima)
- Salsa de enchilada (8 oz)
- Arroz blanco (cocido, 4 tz.)
- Frijoles negros (una lata de 15 oz)
- Tomates asados al fuego en cubitos (una lata de 14 oz)
- Maíz (descongelado, 1 tz.)
- Aceite de oliva (1 cda.)
- Pimiento rojo (1, cortado en cubitos)
- Ajo (8 dientes, picados)
- Cebolla roja (1 mediana, cortada en cubitos)

Qué hacer:

1. En una olla grande o en una olla a fuego medio-alto, cocina la cebolla, el ajo y el pimiento morrón en el aceite de oliva hasta que la cebolla se ablande, aproximadamente 10 minutos.

2. Escurre los frijoles negros y los tomates. Agrega el maíz y los tomates a la sartén y cocina, revolviendo frecuentemente (3 min.). Añade los frijoles negros, el arroz, la salsa de enchilada, el jugo de limón, el queso crema, el chile en polvo, el comino, la pimienta de Cayena, 0,5 tz. de queso y la sal. Cocina, revolviendo, hasta que el queso se derrita y quede suave.

3. Sirve, cubierto con queso adicional y crema agria, con totopos a un lado.

Tostadas de berenjena

Rinde 6 porciones

Qué utilizar:

- Cilantro fresco (picado, 2 cdas., para decorar)
- Queso Monterey Jack (2 oz, rallado, 0,5 tz.)
- Queso cheddar (2 oz, rallado, 0,5 tz.)
- Condimento para tacos (1 cdta.)
- Aguacate (1, en cubos)
- Jugo de lima (de 1 lima)
- Maíz (descongelado, 0,5 tz.)
- Tomate (1, cortado en cubitos)
- Frijoles negros (una lata de 14 oz, enjuagada)
- Arroz mexicano (2 tz., opcional)
- Pimienta negra recién molida

- Aceite de oliva (2 cdas.)
- Sal
- Berenjenas (2, grandes, cortadas en rodajas de 0,25")

Qué hacer:

1. Coloca toallas de papel en una bandeja para hornear con borde. Pon las rodajas de berenjena encima y agrega sal por ambos lados para extraer la humedad. Deja reposar durante 30 minutos, luego limpia el exceso de sal.

2. Unta la berenjena con aceite y espolvorea con pimienta. Hornea a 400 °F25-30 minutos, hasta que esté crujiente.

3. En un tazón grande, mezcla arroz, frijoles negros, tomate, maíz, jugo de lima, aguacate, condimento para tacos, pimienta y sal a tu gusto. Vierte la mezcla sobre la berenjena y cubre con queso.

4. Programa un temporizador para hornear durante otros 5 minutos hasta que el queso se derrita. Decora con cilantro y sirve.

Enchiladas de frijoles negros asados con poblanos

Rinde de 4 a 6 porciones

Qué utilizar:

- Tortillas de maíz (12 de 6")
- Queso Monterey Jack (8 oz, rallado, 2 tz., dividido)
- Frijoles negros (una lata de 15 oz, enjuagados, medio aplastados)
- Comino (0,5 cdta.)
- Chile en polvo (1 cdta.)
- Cilantro (0,5 cdta.)
- Sal
- Pimienta negra recién molida
- Jugo de lima (1 cda.)
- Azúcar (1 cdta.)
- Ajo (4 dientes, picados, divididos)
- Caldo de verduras (0,33 tz.)
- Hojas de cilantro (1 tz., dividida)
- Cebollas (2, cortadas en cubitos, divididas)
- Crema espesa (0,25 tz.)
- Aceite vegetal (0,25 tz. más 1 cdta., dividido)

- Chiles poblanos (4, cortados a la mitad a lo largo, sin tallos ni semillas)
- Tomatillos (1 lb, sin cáscara ni tallos, enjuagados, secos y cortados por la mitad)

Qué hacer:

1. Calienta el asador con una parrilla a 6" del elemento calefactor. En un bol, mezcla los tomatillos y poblanos con 1 cdta. de aceite, luego coloca el lado cortado hacia abajo en una bandeja para hornear con borde forrada con papel de aluminio. Asa durante 5-10 minutos, hasta que las verduras estén ennegrecidas y comiencen a ablandarse. Coloca los poblanos en un bol y cúbrelos con papel de aluminio durante unos 10 minutos. Pela la piel. Usa el dorso de una cuchara para quitar la mayor cantidad de piel posible. Pica los tomatillos y poblanos en trozos de 0,5".
2. En una licuadora, combina los tomatillos, la crema, 1 tz. de cebolla, 0,5 tz. de cilantro, el caldo, 1 cda. de aceite, la mitad del ajo, azúcar, jugo de limón y 1 cdta. de sal; licúa unos 2 minutos, hasta que quede suave. Añade sal y pimienta al gusto.

3. En una sartén de 30 cm a fuego medio, calienta 1 cda. de aceite hasta que brille. Cocina la cebolla restante durante unos 6 minutos, hasta que se ablande. Agrega el cilantro, el chile en polvo, el comino, el ajo restante, sazona con sal y pimienta al gusto; cocina alrededor de 30 segundos, hasta que esté aromático. Añade los frijoles y poblanos enteros y triturados, y cocina unos 2 minutos, hasta que estén completamente calientes. Coloca en un tazón grande para enfriar un poco, luego agrega 1 tz. de queso, 0,5 tz. de puré de tomatillo y 0,5 tz. de cilantro. Agrega pimienta y sal al gusto.

4. Coloca un tercio del puré de tomatillo en un molde para hornear de 9x13". Cepilla ambos lados de las tortillas con 2 cdas. de aceite, apila y envuelve en una toalla húmeda. Coloca en un plato y cocina en el microondas durante aproximadamente 1 minuto, hasta que estén flexibles y tibias. Con una tortilla a la vez, vierte 0,25 tz. de la mezcla de frijoles y queso en el centro. Enrolla bien y coloca con la costura hacia abajo en la fuente para hornear, en 2 columnas a lo largo del molde.

5. Cubre las tortillas con la salsa restante y 1 tz. de queso. Engrasa un trozo de papel de aluminio y extiéndelo bien sobre la sartén. Hornea a 400 °F durante 15-20 minutos, hasta que el queso se derrita y las enchiladas estén calientes en el centro. Deja enfriar durante 5 minutos y luego sirve.

Capítulo 4: Entradas de olla de cocción lenta

Cerdo desmenuzado con salsa de chile rojo

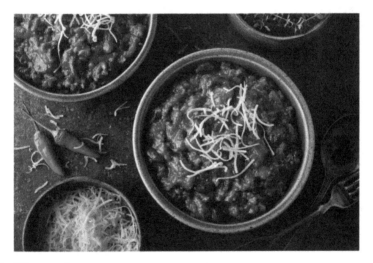

Rinde 20 porciones

Qué utilizar:

- Aceite vegetal (1 cda.)
- Harina (1 cda.)
- Cebolla en polvo (1 cdta.)
- Chiles California secos (4, sin tallos ni semillas, enjuagados y secos)

- Pimienta negra recién molida (0,5 cdta.)
- Sal (1,25 cdtas., dividida)
- Chile en polvo (2 cdtas., dividido)
- Comino (2 cdtas., dividido)
- Orégano seco (1,5 cdtas., dividido)
- Ajo (4 dientes, divididos)
- Hoja de laurel seca (1)
- Cebolla (1 grande, cortada en cubitos)
- Paletilla o lomo de cerdo (1,5 lbs)

Qué hacer:

1. En una olla de cocción lenta, combina el cerdo, la cebolla, la hoja de laurel, dos dientes de ajo, 0,5 cdta. de orégano seco y 0,5 cdta. de pimienta negra. Además, agrega 1 cdta. de cada uno de los siguientes ingredientes: comino, chile en polvo y sal. Cubre con agua. Cocina a fuego lento durante 8 horas. Escurre, reservando el caldo. Tritura la carne.

2. Para la salsa, combina los chiles con 2 tz. de caldo de cerdo. Cocina a fuego lento durante 20 minutos, luego vierte en una licuadora con 1 cdta. de orégano seco, 2 dientes de ajo, 1 cdta. de comino, cebolla en polvo y 1 cdta. de chile en polvo. Licúa la mezcla hasta que quede

suave y vierte a través de un colador. Desecha los sólidos y reserva el puré.

3. Coloca el aceite en la cacerola que se usa para cocinar los chiles a fuego medio. Agrega harina y 0,25 cdta. de sal; revuelve durante 1 minuto. Agrega el puré de salsa de chile colado y cocina por 10 minutos, revolviendo ocasionalmente. Combina la salsa y el cerdo desmenuzado.

Esta receta es un excelente relleno para tamales, tacos y burritos, también es delicioso sobre arroz.

Tazones de pollo al chipotle

Rinde 6 porciones

Qué utilizar:

- Arroz cocido (6 tz., la variedad que prefieras)
- Pechugas de pollo (3)
- Jugo de lima fresco (de 1 lima; aproximadamente 2 cdas.)
- Comino (2 cdtas.)
- Orégano seco (2 cdtas.)
- Aceite de oliva (2 cdas.)
- Chile ancho en polvo (1 cda.)
- Pimiento chipotle enlatado en salsa de adobo (1 pimiento y 1 cda. de salsa)
- Ajo (picado, 1 cda.)

- Cebolla blanca (0.5)

Qué hacer:

1. Pica el pollo en trozos del tamaño de un bocado mientras le quitas toda la piel y los huesos.
2. Usa un procesador de alimentos para combinar todo excepto el pollo y el arroz; mezcla hasta que esté suave.
3. Coloca el pollo y la salsa mezclada en una olla de cocción lenta. Configura el temporizador 8-10 horas usando la configuración baja hasta que el pollo esté tierno.
4. Coloca el arroz en tazones para servir y cubre con elpollo.
5. Sirve cubierto con cualquier ingrediente que desees, como cilantro, queso, guacamole, salsa o cebolla, aguacate o tomate en cubitos.

Tacos de cordero con chiles

Rinde 6 porciones

Qué utilizar:

- Arroz mexicano (para servir)
- Cebolla blanca (cortada en cubitos, para servir)
- Cilantro fresco (picado, para servir)
- Tortillas de maíz (12 de 6", calentadas)
- Manteca vegetal o manteca de cerdo (25 tz.)
- Carne de estofado de cordero deshuesada (4 lbs o paleta de cordero, cortada en trozos de 1,5")
- Pasta de achiote rojo (2 cdas.)
- Agua (0,25 tz.)
- Aceite vegetal (1 cda.)

- Vinagre blanco (0,33 tz.)
- Cebolla (0,25, picada hasta obtener una pulpa)
- Ajo (6 dientes, picado muy fino)
- Canela molida (0,25 cdta.)
- Mejorana seca (1 cdta.)
- Hojas de laurel secas (2)
- Semillas de comino enteras (0,5 cdta.)
- Granos de pimienta negra enteros (0,5 cdta.)
- Bayas de pimienta de Jamaica (2)
- Clavo entero (1)
- Chiles anchos (5, sin tallos ni semillas)
- Chiles guajillo (5, sin tallos ni semillas)

Qué hacer:

1. Calienta el horno a 350 °F.
2. Mezcla los chiles en una bandeja para hornear y asa durante 15-20 minutos, hasta que estén crujientes y secos. Deja enfriar completamente, luego muele en un molinillo de especias o procesador de alimentos y colócalo en un tazón mediano.
3. Usa una sartén pequeña con la configuración de temperatura media para tostar el clavo, la pimienta de Jamaica, los granos de pimienta, el comino y las hojas de laurel hasta que estén aromáticos. Dejaenfriar

completamente y tritura. Combina la mezcla de clavo con la mezcla de chile. Agrega la mejorana, la canela, el ajo, la cebolla, el vinagre, el aceite, el agua y la pasta de achiote, revolviendo hasta obtener una pasta espesa. Mezcla el cordero, frotando las especias en la carne.

4. Usa la manteca de cerdo o manteca vegetal para cubrir el fondo 2″ arriba de los lados de una olla de cocción lenta de 5qt. Coloca2papel de aluminio de 24″ en la olla de cocción lenta, cruzados de modo que toda la olla esté cubierta y el exceso de papel de aluminio se extienda por los lados.

5. Pon el cordero y la marinada en la olla de cocción lenta. Dobla la pieza interior de papel de aluminio sobre la parte superior y enróllala hacia abajo, de modo que quede1″ por encima de la comida. Repite con la lámina exterior, creando un paquete apretado. Cubre con la tapa de la olla de cocción lenta y programa el temporizador durante 6 horas usando la configuración de baja temperatura.

6. Coloca la mezcla de cordero caliente sobre las tortillas calientes, cubre con cilantro y cebolla y sirve el arroz a un lado.

Costillas

Rinde 6 porciones

Qué utilizar:

- Tortillas de maíz (12 de 6", calentadas)
- Sal (2 cdtas.)
- Tomatillos (4, descascarillados, enjuagados y secos)
- Ajo (picado, 0,33 tz.)
- Cebolla blanca (0,5, cortada en cubitos)
- Tomates roma (2 grandes, cortados en cubitos)
- Costillas (4,5 lbs, cortadas en trozos de 3")

Qué hacer:

1. En una licuadora, tritura los tomates, la cebolla, el ajo, los tomatillos y la sal hasta que quede suave. Coloca las tortillas en una olla de cocción lenta de 5qt y cubre con puré de tomate. Tapa y cocina por 6 horas a fuego lento.
2. Sirve caliente con tortillas tibias.

Capítulo 5: Favoritos de las fiestas tradicionales

Galletas de boda mexicanas

Rinde 36 galletas

Qué utilizar:

- Nueces (picadas, 0,75 tz.)

- Sal (0,25 cdta.)
- Harina (tamizada, 2,25 tz.)
- Vainilla (1 cdta.)
- Azúcar en polvo (0,5 tz., y más para cubrir)
- Mantequilla (1 tz., 8 oz, 2 barras, temperatura ambiente)

Qué hacer:

1. En un tazón grande, mezcla la mantequilla y 0,5 tz. de azúcar en polvo hasta que quede cremoso. Incorpora la vainilla. Combina la harina y la sal en un recipiente aparte. Mezcla lentamente la mezcla de harina con la mezcla de mantequilla. Agrega las nueces.
2. Enrolla la masa en bolas de 1,25" y colócalas en bandejas para hornear forradas con pergamino. No se expanden mucho, por lo que pueden colocarse relativamente juntas, con aproximadamente 1" entre cada galleta.
3. Hornea a 400 °F hasta que las galletas comiencen a dorarse (10 min.).
4. Transfiere lasbandejas a la encimera y enfría hasta que estén tibias, pero no calientes. Cúbrelas con azúcar en polvo y colócalas sobre una rejilla para que se enfríen por completo. Luego, vuelve a pasarlas por el azúcar en polvo para obtener una delicia azucarada.

Ponche mexicano

Rinde 12 porciones

Qué utilizar:

- Vaina de tamarindo seca (1, sin cáscara ni semillas)
- Flores de hibisco secas (2 cdas.)
- Palitos de canela (4)
- Clavo entero (6)
- Cono de piloncillo (1, o azúcar morena oscura, 1 tz.)
- Naranja (1, en rodajas)
- Peras (2, peladas, sin corazón y cortadas en trozos)
- Manzanas rojas (3 grandes, peladas, sin corazón y cortadas en trozos)
- Guayabas (6, peladas y en cuartos)

- Agua (16 tz.)

Qué hacer:

1. Mezcla todos los ingredientes en una olla grande.
2. Espera a que hierva y ajusta la temperatura a media-baja, cubre y cocina a fuego lento durante 30 minutos.
3. Revuelve, asegurándote de que el piloncillo o la azúcar morena se haya disuelto. Sirve caliente, asegurándote de que haya algo de fruta en cada tz.
4. Agrega brandy o ron a las tz. para servir si lo deseas.

Cochinitos (galletas de cerditos de pan de jengibre)

Rinde de 25 a 30 galletas

Qué utilizar:

- Azúcar en polvo (para espolvorear)
- Huevos (3 grandes, ligeramente batidos, a temperatura ambiente, divididos)
- Bicarbonato de sodio (1 cda.)
- Sal (0,5 cdta.)
- Polvo de hornear (1 cda.)
- Harina (4,25 tz., y más para espolvorear)
- Miel (2 cdas.)

- Mantequilla sin sal (1 tz., 8 oz, 2 barras, cortada en trozos pequeños, temperatura ambiente, y más para engrasar las bandejas para hornear galletas)
- Rama de canela (1, preferiblemente de Ceilán)
- Agua (0,75 tz.)
- Azúcar morena (bien compactada, 1,75 tz.)

Qué hacer:

1. Calienta el horno a 375 °F.
2. Prepara una cacerola de tamaño mediano usando el ajuste de temperatura media para llevar la azúcar morena, el agua y la canela a fuego lento. Cocina a fuego medio-bajo hasta que la azúcar morena se haya disuelto y forme un almíbar ligero, aproximadamente 15 minutos. Retira del fuego y desecha la rama de canela. Agrega la mantequilla y la miel hasta que se derrita y quede suave.
3. Tamiza y combina el polvo de hornear, la harina, el bicarbonato de sodio y la sal en un recipiente grande para mezclar. Vierte la mezcla de almíbar y revuelve con una espátula de goma hasta que esté bien mezclado. Añade 2 huevos a fondo para crear una masa muy pegajosa.
4. Forra un tazón mediano con dos trozos largos de envoltura de plástico, cruzadas, de modo que el recipiente

esté completamente forrado y los extremos cuelguen sobre los bordes del recipiente. Raspa la masa en el tazón forrado de plástico, cubre y enfría por lo menos 2 horas y hasta 2 días.

5. Unta con mantequilla dos bandejas para galletas. Espolvoreacon harina una superficie de trabajo y un rodillo y coloca la mitad de la masa en la superficie. (Cubre y enfría la mitad restante). Enrolla la masa hasta que tenga un grosor de 0,25" y córtala con cortadores de galletas de 3". Si la mezcla se vuelve demasiado pegajosa, envuélvela en plástico y congélala unos 10 minutos hasta que se endurezca. Coloca las galletas a 1" de distancia en bandejas para hornear cubiertas con mantequilla y úntalas con huevo batido. Hornéalas hasta que estén hinchadas y doradas por encima, unos 8 minutos. Coloca sobre una rejilla para enfriar completamente y espolvorea con azúcar en polvo, si lo deseas. Continúa cortando y horneando hasta que hayas usado toda la masa. Estas galletas son suaves y esponjosas cuando se hornean por primera vez, pero se endurecen con el paso de los días. Se endurecerán más rápidamente si se dejan al descubierto. Puedes cortarlas en la forma que desees si no puedes encontrar los cortadores tradicionales de cerdito.

Buñuelosmexicanos

Rinde 8 buñuelos

Qué utilizar:

- Azúcar (0,5 tz.)
- Canela molida (1 cda.)
- Aceite vegetal (25 tz., y más para freír)
- Agua (0,75 tz., tibia)
- Polvo de hornear (1,5 cdtas.)
- Sal (0,5 cdta.)
- Harina (2 tz., y más para espolvorear)

Qué hacer:

1. Usa un recipiente grande para mezclar 2tz. de harina con la sal y el polvo de hornear. Vierte agua tibia y 0,25 tz. de aceite; revuelve hasta que se forme una masa.

2. Coloca la masa en una superficie de trabajo y amasa hasta que quede elástica y suave, aproximadamente 10 minutos.

3. Transfiere la masa a un bol, cúbrela con una toalla y déjala reposar durante 30 minutos.

4. Mezcla la canela y el azúcar en un plato poco profundo.

5. Divide la masa en 8 partes y forma una bola con cada parte. Enharina ligeramente una superficie de trabajo y un rodillo y estira cada bola en una circunferencia de 8-10″. Llena una sartén o una olla grande con 2″ de aceite y caliéntala a 350 °F. Fríe cada disco de masa aproximadamente 1 minuto, volteándolo una vez, hasta que estén dorados por ambos lados. Coloca sobre toallas de papel para escurrir y espolvorea con una generosa cantidad de canela y azúcar.

Rompope (ponche de huevo mexicano)

Rinde 6 porciones

Qué utilizar:

- Ron (buena calidad, 1 tz.)
- Yemas de huevo (8, grandes, batidas hasta que estén cremosas)
- Canela (1 rama)
- Azúcar (1,5 tz.)
- Leche (6 tz.)
- Almendras blanqueadas (0,33 tz.)

Qué hacer:

1. En un procesador de alimentos, procesa las almendras hasta formar una pasta.

2. En una olla grande a fuego medio, calienta la leche, el azúcar y la ramita de canela hasta que hierva a fuego lento. Asegúrate de que el azúcar se disuelva y la mezcla se caliente, pero no dejes que hierva.

3. Coloca en una estufa fría para reposar durante 30 minutos, luego mezcla la pasta de almendras. Agrega gradualmente las yemas de huevo, revolviendo constantemente, hasta que se mezcle bien.

4. A fuego lento, cocina la mezcla durante 8-10 minutos, revolviendo constantemente, hasta que la mezcla espese lo suficiente como para cubrir una cuchara.

5. Déjalo enfriar completamente. Agrega el ron y sirve.

Capítulo 6: Postres

Arroz con leche

Rinde 8 porciones

Qué utilizar:

- Arroz blanco de grano largo (1 tz., crudo)
- Pasas (para servir)
- Canela molida o nuez moscada (para servir, al gusto)
- Extracto de vainilla (0,25 cdta.)
- Azúcar (1 tz.)
- Palitos de canela (1-3)

- Sal (una pizca)
- Agua (2 tz.)
- Leche (entera o al 2%, 4,25 tz.)

Qué hacer:

1. Combina el arroz, las ramas de canela, la sal y el agua en una cacerola mediana usando el ajuste de temperatura media. Revuelve ocasionalmente, deja que hierva, luego cubre y ajusta la temperatura a baja. Cocina a fuego lento hasta que se absorba la mayor parte del agua (10-12 min.).
2. Mezcla la leche y aumenta la temperatura a media-baja y continúa cocinando, tapado, durante 10 minutos.
3. Agrega el azúcar y el extracto de vainilla y cocina, sin tapar, a fuego medio durante unos 20 minutos, hasta que el pudín tenga una consistencia espesa.
4. Retíralo del fuego. Sirve caliente o frío, cubierto con canela molida y pasas si lo deseas.

Plátanos caramelizados

Rinde 4 porciones

Qué utilizar:

- Menta (1 ramita, opcional)
- Naranja (4 rodajas, opcional)
- Sal (una pizca, opcional)
- Jugo de naranja (1 cda.)
- Azúcar morena clara (0,25 tz.)
- Plátanos (2, muy maduros, con piel casi enteramente negra, cortados al bies en rodajas de 2")
- Aceite de coco o vegetal (aproximadamente 2 cdas.)

Qué hacer:

1. En una sartén mediana a fuego medio, calienta el aceite suficiente para cubrir el fondo de la sartén.
2. Saltea los plátanos, volteándolos a menudo, hasta que estén dorados y suaves, aproximadamente 10-15 minutos. Agrega azúcar morena y revuelve unos 5 minutos hasta que los plátanos se caramelicen. Vierte el jugo de naranja y revuelve hasta que el líquido se evapore y se forme un glaseado.
3. Sirve cubierto con sal, rodajas de naranja y menta, si lo deseas. Para un regalo especial, utilízalos en lugar de bananas en un banana split.

Bizcocho jaspeado

Rinde 10 porciones

Qué utilizar:

- Azúcar en polvo (para espolvorear, opcional)
- Cacao en polvo sin azúcar (0,25 tz.)
- Agua caliente (0,25 tz.)
- Crema agria (0,5 tz.)
- Huevos (4, grandes, divididos)
- Sal (0,25 cdta.)
- Polvo de hornear (1 cdta.)
- Azúcar (1,25 tz.)
- Extracto de vainilla (1 cdta.)
- Harina (1,5 tz., y más para quitar el polvo)

- Mantequilla sin sal (1 tz., 8oz, 2 barras, a temperatura ambiente, y más para engrasar la sartén)

Qué hacer:

1. Calienta el horno a 350 °F.
2. Cubre un molde para pan de 9x5" con mantequilla, luego cubre el fondo con papel pergamino. Untael papel con mantequilla. Espolvorea la sartén con una capa ligera de harina y reserva.
3. Con una batidora eléctrica a velocidad media-alta, bate la mantequilla en un recipiente grande durante unos 3 minutos, hasta que esté cremosa. Bate el azúcar durante unos 2 minutos hasta que esté suave y esponjoso. Agrega la vainilla y bate aproximadamente 1 minuto, hasta que esté bien mezclado.
4. En un bol, mezcla la harina, la sal y el polvo de hornear. Rompe 2 de los huevos en un recipiente aparte. A fuego medio-bajo, bate la mitad de la mezcla de harina y los 2 huevos en la mezcla de mantequilla hasta que estén bien combinados, raspando los lados del tazón según sea necesario. Agrega la mezcla de harina restante y 2 huevos más. Bate la crema agria hasta que quede suave. Coloca la mitad de la masa en un tazón diferente.

5. Mezcla el agua caliente y el cacao en un tazón pequeño para intensificar su sabor. Combina la mezcla de cacao en uno de los tazones de masa, mezclando bien.

6. Extiende la masa simple en el molde preparado, luego vierte la masa de chocolate en línea recta por el centro. Con un cuchillo, agita la masa de chocolate en la superficie, pero no los mezcle por completo.

7. Hornea hasta que un palillo insertado en el medio salga limpio, aproximadamente 1 hora. Coloca en una rejilla para que se enfríe. Voltea el molde en un plato, removiendo el bizcocho. Retira el papel pergamino, luego invierte el pastel en un plato para servir, de modo que la parte superior quede hacia arriba. Espolvorea la parte superior con azúcar en polvo, si lo deseas, luego corta y sirve.

Bayas en almíbar de lima

Rinde 8 porciones

Qué utilizar:

- Zumo de lima recién exprimido (0,25 tz.)
- Ralladura de lima (de 1 lima, pelada con un pelador de verduras y cortada en tiras finas)
- Azúcar morena oscuro (3 cdas.)
- Frambuesas (4 oz)
- Moras (4 oz)
- Arándanos (8 oz)
- Fresas (1 lb, enjuagadas, sin tallos, cortadas en mitades o cuartos)

Qué hacer:

1. Prepara un recipiente grande para mezclar las bayas y la ralladura de lima.

2. En un tazón pequeño, combina el jugo de limón y la azúcar morena, revolviendo hasta que se disuelva.

3. Vierte el almíbar sobre las bayas y revuelve para cubrir. Colócalas en el refrigerador, tapadas, durante al menos 30 minutos antes de servir.

Flan mexicano

Rinde 6 porciones

Qué utilizar:

- Bayas o fruta picada (opcional)
- Crema batida (opcional)
- Huevos (5 grandes)
- Vaina de vainilla (1 grande, dividida a lo largo, con las semillas raspadas o 2 cdtas. de extracto de vainilla)
- Leche evaporada enlatada (12 oz)
- Leche condensada azucarada (lata de 14 oz)
- Queso crema (8 oz, en cubos)
- Azúcar (1 tz.)

Qué hacer:

1. Prepara una cacerola mediana a fuego medio-alto para cocinar el azúcar, revolviendo constantemente, hasta que se derrita y se dore ligeramente. Ten cuidado de no dejar que se queme.

2. Vierte el jarabe de azúcar en un molde para hornear redondo de 8". Con mucho cuidado, mientras usas guantes de cocina, mueve el jarabe alrededor de la sartén para cubrir el fondo y los lados. Reserva. A medida que se enfría, se espesará y se endurecerá.

3. En una licuadora o procesador de alimentos, mezcla bien el queso crema, la leche condensada azucarada, la leche evaporada y las semillas de la vaina de vainilla (desecha la vaina exterior). Vierte la mezcla en el molde y colocael molde en un recipiente más grande. Llena el recipiente grande con suficiente agua para llegar hasta la mitad del costado del molde para hornear de 8". Este baño de agua evita que el flan se endurezca y se agriete, asegurando la textura cremosa por la que es famoso. (Es más fácil agregar el agua una vez que ambas cacerolas están colocadas en el horno caliente, para que el agua no se derrame ni entre en el flan).

4. Hornea a 350 °F hasta que el flan se solidifique y no se mueva al golpearlo, aproximadamente 1 hora y 15 minutos. Retira del horno. Deja reposar el tiempo que sea necesario para que el molde no queme los estantes del refrigerador. Enfría durante al menos 4 horas y hasta 3 días.

5. Usa un cuchillo para separar el flan del borde delmolde. Invierte el molde en una fuente para servir. Sirve con nata montada y fruta.

Churros

Rinde 10 churros

Qué utilizar:

- Aceite vegetal (para freír)
- Huevos (3, batidos)
- Harina (1 tz.)
- Mantequilla (0,5 tz., 4 oz, 1 barra)
- Sal (0,25 cdta.)
- Agua (1 tz.)
- Canela (1 cda. más 0,5 cdtas, dividida)
- Azúcar (0,25 tz.)

Qué hacer:

1. En un plato poco profundo, mezcla 1 cda. de canela con azúcar. Reserva.

2. Usa una cacerola mediana a fuego alto, hierve el agua, la sal y la mantequilla. Agrega la harina. Baja el fuego y revuelve constantemente, por aproximadamente 1 minuto, hasta que la mezcla forme una bola. Retira del fuego y deja enfriar durante varios minutos.

3. Incorpora poco a poco los huevos a la masa, combinando bien. Coloca la masa en una manga pastelera con una punta grande, o en una bolsa de plástico con una esquina cortada.

4. En una olla grande, calienta2" de aceite a 360 °F a fuego medio-alto. Exprime la masa de churro en líneas rectas en el aceite. Si usas una bolsa de plástico, usa un cuchillo para cortar el churro de la esquina de la bolsa cuando haya exprimido el largo deseado. Fríe cada churro durante unos 2 minutos, hasta que se doren, luego colócalos sobre toallas de papel para escurrir. Espolvorea inmediatamente con la mezcla de azúcar y canela.

Tortatres leches

Rinde de 10 a 12 porciones

Qué utilizar:

- Bayas (8 oz, cualquier tipo, opcional)
- Azúcar en polvo (0,25 tz.)
- Leche entera (1 tz.)
- Crema espesa (2 tz.)
- Leche evaporada (una lata de 12 oz)
- Leche condensada azucarada (una lata de 14 oz)
- Harina (2 tz.)
- Extracto de vainilla (2 cdas, divididas)
- Azúcar (1 tz.)
- Huevos (9 grandes, separados, a temperatura ambiente)
- Mantequilla (para engrasar el molde)

Qué hacer:

1. Calienta el horno a 350 °F.

2. Unta con mantequilla un molde de 9x13" y cubre el fondo con papel pergamino. Deja de lado.

3. Con una batidora eléctrica (velocidad media-alta), bate las claras de huevo en un tazón grande hasta que se formen picos suaves, por aproximadamente 5 minutos. A velocidad media, agrega el azúcar y bate hasta que se formen picos firmes y brillantes; deja de lado.

4. Con batidores limpios, bate las yemas de huevo a velocidad media-alta en un tazón grande durante unos 5 minutos, hasta que se pongan de color amarillo pálido y esponjosas. Agrega 1 cda. de vainilla y bate un minuto más. Con cuidado y gradualmente, incorpora las yemas a las claras, teniendo cuidado de no desinflar las claras mezclando demasiado. En incrementos de 0,25 tz., dobla la harina. La masa se verá rayada.

5. Vierte la masa en la sartén con mantequilla y hornea por 22-25 minutos, hasta que un palillo insertado en el medio salga limpio, y la parte superior esté dorada y vuelva a su lugar cuando se presione ligeramente. Pon en una rejilla para enfriar.

6. Coloca el bizcocho en una fuente y quita el papel pergamino. Coloca un segundo plato encima y dale la vuelta con cuidado, de modo que el pastel quede boca arriba. Haz agujeros en toda la superficie del pastel con un tenedor.

7. En un tazón grande, mezcla la leche condensada azucarada, la leche evaporada y la leche entera con 1 cda. de vainilla. Vierte lentamente la mezcla de leche sobre la superficie del pastel, dándole tiempo para que se absorba. Pueden pasar un par de horas para que se absorba todo el líquido. No te preocupes si inicialmente parece que hay demasiado. Refrigera, tapado, durante al menos 2 horas.

8. Antes de servir, coloca la crema en un bol grande y bate con una batidora a velocidad media durante 5-6 minutos, hasta que tenga picos suaves. A velocidad baja, agrega lentamente el azúcar en polvo, luego bate a fuego medio-alto hasta que tenga picos rígidos. Unta la nata montada sobre el bizcocho. Cubre cada rebanada con bayas, si lo deseas.

Buñuelos de dátiles y chocolate mexicano

Rinde de 6 a 8 porciones

Qué utilizar:

- Azúcar en polvo (para espolvorear)
- Aceite vegetal (para freír)
- Extracto de vainilla (1,5 cdta.)
- Huevos (2 grandes, ligeramente batidos)
- Azúcar (2 cdas.)
- Requesón de leche entera (1 tz.)
- Chocolate mexicano o agridulce (picado, 0,25 tz.)
- Dátiles sin hueso (picados, 0,25 tz.)
- Ralladura de mandarina (rallada, 1 cdta.)
- Polvo de hornear (2 cdtas.)

- Sal (0,25 cdta.)
- Harina (0,75 tz.)

Qué hacer:

1. En un tazón grande, mezcla la harina, la sal, el polvo de hornear, la ralladura de mandarina, los dátiles y el chocolate. En un tazón aparte, mezclaelrequesón, el azúcar, los huevos y la vainilla. Agrega la mezcla de harina a la mezcla de requesón y combina bien, formando una masa gruesa.

2. Llena una cacerola mediana hasta la mitad con aceite y calienta a 350 °F. Deja caer suavemente la masa colocando cucharadas en el aceite, teniendo cuidado de no llenar la sartén. Fríe los buñuelos unos 3 minutos, volteándolos de vez en cuando, hasta que estén dorados. Coloca sobre toallas de papel para escurrir y espolvorear con azúcar en polvo. Repite con todos los buñuelos restantes. Sirve inmediatamente.

CPSIA information can be obtained
at www.ICGtesting.com
Printed in the USA
BVHW092350060521
606416BV00009BA/1398